DE L'ÉTAT
DE LA LIBERTÉ
EN FRANCE.

On trouve chez le même Libraire les ouvrages suivans du même auteur.

Tableau politique de l'Allemagne, in-8. prix, 2 f.

Essais sur quatre grandes questions politiques, in-8,   1 fr. 50 c.

Essai sur la politique de la nation Anglaise et du gouvernement Britannique, in-8.   2 fr.

Considérations sur l'état actuel de l'Europe, in-8. 2 fr. 50 c.

DE L'IMPRIMERIE DE DEMAT.

DE L'ÉTAT
DE LA LIBERTÉ
EN FRANCE,

Par C. A. SCHEFFER.

---

* * *

A BRUXELLES,

Se trouve chez DEMAT, Imprimeur-Libraire.

Et à PARIS,

Chez tous les Marchands de Nouveautés.

1818.

PREFACE.

Tant qu'il y aura des hommes assez lâches pour vendre au pouvoir leur conscience et leur plume, les écrivains indépendans seront toujours exposés aux calomnies, aux insultes de quelques misérables pamphlétaires. Dans leurs journaux, dans leurs écrits, l'amour de la liberté sera nommée du *jacobinisme :* celui, par conséquent, qui osera défendre cette source unique de la félicité des peuples, sera traité de *jacobin*, ou, du moins, « d'ami du désordre, et d'ennemi des gouvernemens. »

Vouloir se défendre contre de pareilles attaques, serait ridicule; ce serait perdre un temps qu'on peut employer d'une manière plus utile.

Que m'importe en effet qu'un écrivain, méprisé dans son parti même, me traite, dans une feuille quotidienne, de *dernier des publicistes* (1); qu'un autre, dans un ouvrage périodique, encouragé (à ce qu'on prétend) par la police, dénature mes expressions et mes idées, afin de mieux les combattre ; qu'un homme, auquel je souhaite encore plus de gloire dans la carrière littéraire qu'il n'en a obtenu dans la carrière militaire et administrative, écrive contre moi une brochure inintelligible ; qu'un autre assure que vouloir qu'on n'insulte point les nations, c'est vouloir qu'on insulte les souverains, et traite gravement cette opinion de démagogique ! qu'importe, je le répète, qu'un malheureux *Don Quichotte*, dont les inten-

---

(1) S'il fallait répondre à cet écrivain, je lui dirais qu'il vaut mieux être le *dernier des publicistes* que le *dernier des hommes*.

tions sont bonnes peut-être, me prête des idées que je n'ai jamais eues, et m'honore de ses grossières injures, etc,, etc.! on répond à des argumens, on doit mépriser les insultes et les fausses interprétations.

J'ai dû m'attendre à de pareilles attaques en livrant mes opinions à l'examen du public; celui-ci est, pour les écrivains, un jury qui juge les intentions. Les miennes ont obtenu, j'ose m'en flatter, son indulgence et des suffrages qui m'ont encouragé à poursuivre la carrière dans laquelle je suis entré, et qui m'engagent dans ce moment à publier ces *réflexions* destinées à appeler l'attention des patriotes sur des points dont l'importance ne peut être sentie trop généralement.

Dans un moment où la manifestation franche de la vérité n'est point séparée de tout danger, un écrivain, dont les opinions sont indépendantes, peut toujours être utile, quelque faible que soit son talent: cette conviction doit consoler des injures, des obstacles et des dégoûts de toute espèce.

DE L'ÉTAT DE LA LIBERTÉ EN FRANCE.

CHAPITRE PREMIER.

SUR LA REPRÉSENTATION NATIONALE.

Un peuple, parvenu à avoir une représentation, a fait sans doute un grand pas vers la liberté; mais tant que cette représentation n'est point véritablement nationale, il n'a obtenu encore qu'un aveu de ses droits, utile, à la vérité, en principe, mais inutile souvent par le fait, et souvent même pernicieux, parce qu'il légalise les actes les plus contraires à ses intérêts. Il arrive alors qu'une institution qui devait être la garantie de la liberté publique, devient l'instrument le plus puissant de l'arbitraire. Par le fait, il vaudrait mieux dès lors pour une nation de ne point avoir de représentation, que d'en avoir une corrompue ou mal organisée.

L'histoire de l'Angleterre fournit des preuves de cette vérité. Les Tudors, les Plantagenets ne convoquèrent les députés des bourgs et des provinces qu'afin de pouvoir lever plus d'impôts sur le peuple. Le parlement ne servit alors qu'à sanctionner la tyrannie la plus atroce. Sous la maison d'Hanovre, le ministère parvint à corrompre la chambre des communes à un tel point, qu'une réforme totale, c'est-à dire, une révolution put seule rendre à l'Angleterre cette liberté dont elle s'enorgueillissait autrefois, et dont elle n'a joui que trop peu de temps.

L'histoire de la révolution française a montré aussi que des assemblées, convoquées sous les titres pompeux de *corps législatif*, de *convention nationale*, de *représentans*, de *députés*, etc., peuvent servir efficacement la cause de la tyrannie, quel que soit le nom sous lequel elle existe, quelle que soit la faction qui l'exerce.

Ouvrons nos annales législatives, et nous verrons que, sur le grand nombre d'assemblées représentatives qui se sont succédées depuis vingt-cinq ans, il n'y en a eu que deux qui soient restées constamment indépendantes et fidèles à la cause de la liberté.

La première de ces assemblées était celle qui mérita le nom de *nationale*, et qui, par les talens et les vertus du plus grand nombre de ses membres, autant que par ses prodigieux travaux, fut la réunion la plus imposante que jamais une nation ait eue. Rien ne fut capable d'intimider cette assemblée, et de lui faire perdre sa noble indépendance. Ce fut en vain que trente mille soldats, la plupart étrangers, furent placés entre elle et Paris. Secondée par les habitans de la capitale, elle obtint le renvoi de ces troupes, après plusieurs instances infructueuses, qu'on se vit forcé d'écouter lorsque la Bastille, ce monument du despotisme, eut été prise et détruite.

Après de nouveaux troubles, provoqués par l'imprudence des gardes-du-corps, et dans lesquels La Fayette, à la tête des gardes nationaux qu'il avait institués, sauva la vie à la famille royale, l'assemblée constituante suivit la cour à Paris. Là aussi elle garda son indépendance, malgré les tentatives du parti des jacobins, né long-temps après l'insurrection nationale du mois de juillet, et malgré les menées des aristocrates, qui eurent pour tactique de troubler les débats, et de provoquer leurs adversaires à de mauvais décrets. Et telle fut la liberté des opinions qui régna dans l'assemblée constituante, que Déprémesnil gagna sans danger son pari de proposer la contre-révolution à la tribune, dans une suite d'articles, pour lesquels on se contenta de demander le renvoi au comité d'aliénation. Enfin, quoique cette assemblée n'eût point et ne pût avoir toute l'expérience nécessaire, personne ne peut lui refuser le juste éloge d'avoir été indépendante, d'avoir voulu franchement la liberté et le bien général (1).

L'assemblée législative, qui succéda à l'assemblée nationale constituante, ouvrit la longue liste

---

(1) Il n'est point inutile d'observer que les deux plus grandes fautes de cette assemblée furent dues au système de *pessimisme* des contre-révolutionnaires. La question des deux chambres était encore peu éclaircie : le comité de constitution avait proposé un sénat électif à vie ; et, quoique beaucoup de patriotes fussent attachés à l'erreur d'une chambre unique, l'avis du comité aurait passé, si la plupart des aristocrates, avec le projet avoué de préparer la destruction du nouvel ordre de choses, n'avaient pas voté pour l'unité des chambres.... On convient que l'autre grande faute fut de se séparer en se rendant *inéligible* à l'assemblée suivante. Cette motion fut préparée aux jacobins par Danton, alors stipendié de la cour ; elle fut faite par un député dont je n'accuserai point les intentions, quoique ses liaisons avec la cour fussent intimes ; mais elle ne passa qu'avec le secours du côté droit de l'assemblée. C'est ainsi que, lorsqu'on faisait à l'assemblée des motions ou des discours pour réprimer et prévenir les désordres dans les provinces, les députés du côté droit y intervenaient à dessein de faire manquer les mesures proposées. « Il voudrait bien qu'on le pendît, disait une femme en voyant passer l'abbé Maury ; mais nous ne lui donnerons pas ce plaisir-là. »

des corps représentatifs soumis à des factions ou au pouvoir. Elle perdit son indépendance après la journée du 20 juin; subjuguée par les jacobins, qui avaient appelé à leur secours une troupe de brigands du midi, sous le nom de *Marseillais*, elle abolit la royauté, qu'elle aurait dû défendre, et la constitution, à laquelle elle avait juré fidélité (1). Elle osa cependant rejeter un décret d'accusation contre La Fayette, qui, inébranlable dans son attachement à la liberté constitutionnelle, avait dénoncé les jacobins, et s'était présenté *seul* à la barre de l'assemblée pour demander justice de l'attentat du 20 juin. Mais ce fut là le dernier acte d'indépendance de l'assemblée législative; bientôt elle ne fit plus qu'obéir à la commune formée le 10 août, à cette commune qui eut pour dignes auxiliaires les *massacreurs* de septembre.

La convention, dont les membres avaient été

---

(1) D'après les révélations aristocratiques publiées dernièrement (*), le Roi et sa famille avait été détournés d'accepter les propositions qui leur furent faites avant le 10 août par les constitutionnels, et dont l'acceptation aurait pu les sauver, par une lettre du duc de Brunswick, datée de Coblentz.

(*) Voyez l'Histoire des dernières années du règne de Louis XVI, par M. Hue, premier valet-de-chambre du Roi, imprimée en 1814, à la Bibliothèque royale.—Voyez Bertrand de Molleville, etc.

élus sous l'influence des jacobins, servit d'instrument au hideux despotisme de la faction de la *montagne*; et, en proscrivant les hommes illustres qui composaient la minorité, elle sembla proscrire la liberté elle-même (1).

---

(1) On doit s'étonner que, dans les circonstances où la convention fut élue, il s'y soit trouvé tant d'hommes estimables, et quelques-uns aussi vertueux. Parmi les preuves de courage qu'ils donnèrent, ils firent, pour sauver le malheureux Louis XVI, des efforts dont le mérite ne fut pas suffisamment apprécié au dehors, si l'on en juge par ce passage d'une proclamation de Vérone, juillet 1795 : « Nous aimons à croire que ceux dont le suffrage voulut » détourner le fer de sa tête sacrée, ne se mêlèrent parmi » ses assassins que dans le désir de le sauver, et ce motif » *pourra solliciter leur grâce.* » Quels étaient donc ces hommes qui daignaient faire espérer leur pardon aux Lanjuinais, aux Daunou, aux Pontécoulant et aux autres constitutionnels qui voulaient détourner le fer de la tête de Louis XVI? C'étaient ceux qui avaient refusé, en 1791, de mettre fin à l'émigration en répondant : « *Tout ou rien;* » qui, en 1791, empêchèrent la famille royale de devoir encore une fois la vie aux constitutionnels; dont les menées s'unirent à celles des jacobins pour faire proscrire ces mêmes constitutionnels; dont l'appel aux étrangers, l'invasion armée firent toute la force du parti jacobin. J'ajouterai qu'une motion de M. Fox pour intervenir en faveur de Louis XVI, la guerre n'étant pas encore déclarée, fut repoussée par le gouvernement bri-

Sous le directoire, les conseils des cinq-cents et des anciens ne jouirent que peu de temps de l'indépendance garantie de la liberté publique. Les ennemis de la révolution et le gouvernement britannique, principalement par les soins de M. Wickham, redoublèrent d'efforts pour détruire cette indépendance en corrompant les élections. Bientôt des factieux disposèrent à leur gré de la représentation violée dans la journée du 18 fructidor, et se servirent d'elle-même pour faire condamner à la déportation ceux de ses membres qui étaient restés fidèles à leurs devoirs et à la cause de la liberté.

Pendant le consulat, on vit les prétendus représentans de la nation violer d'abord le serment qu'ils avaient fait à la constitution en vertu de laquelle ils étaient convoqués, en créant le consulat à vie; et bientôt après la détruire entièrement, en reconnaissant le premier consul comme empereur.

Les factions, les ambitieux avaient trouvé, sous

---

tanni que (*), qui repoussa également une proposition secrète, faite par un Anglais très-connu, et qui ne devait coûter qu'un peu d'argent; et le fatal décret n'a eu qu'une majorité, encore contestée, de cinq à six voix.

(*) Voyez ce que j'ai dit à ce sujet dans l'*Essai sur la Politique anglaise*.

la république, des assemblées dont la majorité docile soutenait leur despotisme; mais alors, au moins, une minorité courageuse osait élever une voix hardie, au risque de voir sa noble résistance punie par la hache du bourreau, ou par une mort plus douloureuse dans les déserts pestilentiels de la Guyane.

Sous l'empire, le système représentatif fut éludé ou détruit ; les assemblées furent réduites au silence ; le seul corps qui put parler ne tarda pas à être *éliminé*, puis anéanti. Dès lors le sénat conservateur et les corps législatifs semblaient avoir pris à tâche de surpasser en servilité le sénat dégénéré et avili de Rome, tombée sous le despotisme des Tibère et des Néron. On vit ces *représentans* de la nation française sacrifier à l'ambition d'un homme les trésors, alimens de l'industrie, et les générations, espoir de la patrie. Et telle était la bassesse des corps législatifs, et le mépris dans lequel ils étaient tombés, que la protestation de cinq députés contre des mesures qui entraînaient la ruine de la France, excitèrent une surprise et une admiration qui assurent à ces citoyens généreux la reconnaissance de leurs compatriotes, et qu'elle doit faire époque dans notre histoire (1).

---

(1). M. Lainé justifia depuis l'espérance des patriotes

Le gouvernement provisoire, établi après la première abdication, trouva les mêmes sénateurs et les mêmes députés, qui avaient rampé sous Bonaparte, disposés encore par habitude à acquiescer à toutes ses mesures.

Ces corps changèrent de nom en vertu de la charte constitutionnelle; le sénat devint chambre des pairs; le corps législatif, qui n'avait plus de pouvoirs, fut prolongé sous le nom de *chambre des députés*; mais ces corps ne changèrent point de caractère, et le ministère trouva encore une majorité (1) prête à suspendre les libertés qui venaient de nous être *octroyées* par la charte (2).

Les mêmes hommes auraient été probablement fidèles à leur conduite passée, si Bonaparte avait pu les conserver lors de son retour de l'île d'Elbe;

---

français par la loi des élections de 1816, et par la manière dont il présenta et défendit cette loi nationale.

(1) Il serait injuste de ne pas reconnaître que les débats ont été beaucoup plus libres depuis la restauration que sous l'empire. En 1814, la chambre des députés comptait plusieurs membres, tels que MM. Flaugergues, Gallois, Dupont de l'Eure, Raynouard, etc.; qui ont défendu nos libertés constitutionnelles avec un talent et un courage dignes d'un meilleur succès.

(2) Le ministre de l'intérieur, M. l'abbé de Montesquiou, déclara que le Roi, qui seul avait fait la charte, avait droit de l'interpréter.

mais il se vit forcé de convoquer une nouvelle chambre de représentans. Elle fut nommée par un plus grand nombre d'électeurs que les assemblées qui l'avaient précédée et qui lui succédèrent, puisque les électeurs d'arrondissemens, qui formaient les quatre cinquièmes de la masse, y concoururent directement: tous les électeurs qui voulurent venir y furent admis; on reçut leurs réserves et leurs protestations; ils nommèrent leurs présidens. Aussi la nation put choisir des mandataires dignes d'elle, qui opposèrent une ferme résistance au pouvoir et à toutes les ambitions du jour.

Cette chambre fut la seconde de nos assemblées qui conservèrent leur indépendance. La courte session de deux mois l'a illustrée pour toujours et ses travaux ne sont point peut-être entièrement perdus pour la postérité (1).

---

(1) Il est facheux que cette chambre n'ait pas, dès le premier moment, comme le voulaient quelques patriotes marquans, mis plus de confiance dans le patriotisme du peuple français que dans le talent d'un général, qu'elle n'ait pas jugé, comme l'a depuis avoué ce général, « qu'on ne défend pas les Thermopyles en chargeant ses armes en douze temps. » Mais lorsqu'après avoir abandonné son armée, et ayant encore à Paris de grands moyens contre cette chambre, qui n'avait d'autre soutien que son courage et la bienveillance des citoyens, il voulut dissoudre la

Mais que dire de cette autre chambre de 1815, qui, sans la sage ordonnance du 5 septembre, allait précipiter la France dans de nouveaux troubles. Convoquée sous l'influence d'une faction, instrument de cette faction, on vit cette chambre suspendre encore les libertés de la nation, venir au-devant des lois d'exception les plus sévères, de cette loi même, qu'un homme, célèbre par son attachement invariable à la liberté, a flétrie sous la dénomination de *seconde loi des suspects*. On la vit même mettre des bornes à la clémence royale; violer la promesse sacrée du monarque, en ajoutant aux victimes de nos troubles d'autres

---

représentation, il vit échouer ce dessein par la motion du général La Fayette, du 24 juin, et fut forcé d'abdiquer de nouveau par l'énergie des représentans de la nation, énergie que ceux qui se cachaient alors dans leurs salons n'ont pas jugé à propos d'apprécier.

On peut regretter aussi que cette chambre ait choisi un gouvernement dont le chef a constamment trahi les intérêts publics, et que, pendant qu'on dispersait les patriotes influens pour aller négocier un armistice, que sans doute on espérait bien ne pas obtenir, l'occasion ait été manquée de prolonger la résistance, et de traiter par ce moyen sur un pied plus avantageux avec les ennemis. Mais la chambre des représentans fut courageuse jusqu'au dernier jour; et, le 8 juillet encore, elle en donna une preuve remarquable par sa protestation de ce jour.

victimes encore, qui languissent loin de leur patrie, ou ont péri dans l'indigence sur un sol étranger, éloignés de leurs parens, de leurs amis, qui n'ont pu leur fermer les yeux, et rendre les derniers devoirs à leurs cendres... Il était digne de cette chambre d'accueillir par des cris de fureur la nouvelle de l'évasion de Lavalette ;... il était digne d'elle d'étouffer, par des hurlemens affreux, une proposition tendante à arrêter le massacre des protestans dans le Midi....

Telle fut la conduite des corps législatifs qui précédèrent la chambre des députés de 1816, que je m'abstiens de juger, puisque le plus grand nombre des membres qui la composèrent font partie encore de la représentation nationale. Je me borne à dire que la majorité de cette chambre accorda aussi des lois d'exception; qu'elle ne fit point rendre des comptes à un ministre coupable d'avoir dépassé son crédit de plusieurs millions, dans un moment où des charges excessives pèsent sur la nation; qu'elle ne se montra point assez économe de l'argent du peuple; qu'elle aussi passa *à l'ordre du jour* sur des pétitions de la plus haute importance; mais qu'en général elle a montré beaucoup de modération, et de l'attachement au bien public.

Si maintenant on voulait ouvrir *l'impitoyable Moniteur*, afin d'examiner le langage dont les prétendus représentans de la nation française se sont servis, depuis vingt-sept ans, au commencement de chaque session, on verrait qu'il a varié en effet selon les circonstances, quant aux expressions, mais que, pour le fond, il a toujours été le même : c'était toujours pour consolider la constitution, pour résister à ses ennemis, aux *malveillans*, qu'on commençait par suspendre la constitution ; c'était pour faire triompher la liberté et assurer l'existence du gouvernement, qu'on sanctionnait les actes les plus illégaux, les plus despotiques, des crimes mêmes : on verrait encore que les mêmes hommes ont soutenu de cette manière diverses constitutions consécutives, et ont *assuré* ainsi divers gouvernemens, qui se sont succédés avec tant de rapidité, qui sont tombés après une courte et orageuse existence, parce qu'ils voulaient dominer, et non pas *administrer*; parce qu'ils révoltèrent l'opinion publique, qui seule pouvait les maintenir.

Que sont devenus, en effet, et le comité de *salut public*, et le directoire, et le gouvernement impérial ? Leurs lois d'exception ne les ont pas sauvés. N'est-ce pas plutôt à cela même, qu'ils ont présenté et obtenu ces lois, qu'on doit attribuer leur chute violente ?

Abordons franchement la question : aucun gouvernement ne peut se maintenir actuellement en France, s'il ne garantit tous les intérêts reconnus par la charte constitutionelle, s'il n'observe point les lois protectrices de la liberté, et s'il ne les fait observer *partout* et par *tous*.

Mais ce n'est point aux gouvernans seuls qu'il faut s'en rapporter sur l'établissement et le maintien de la liberté; il faut qu'ils soient secondés dans leur marche constitutionelle, par les représentans de la nation; il faut que ceux-ci les forcent de suivre cette marche, s'ils veulent préserver leur patrie de nouveaux déchiremens.

En un mot, pour que la France soit tranquille, libre et heureuse, pour lui rendre la place qu'elle doit occuper parmi les nations; pour que l'industrie reprenne son essor, il faut, dans la chambre des députés, une majorité indépendante.

Si la république n'a eu, après l'assemblée constituante, que des représentans soumis aux factions régnantes, c'est qu'alors les élections étaient faites par les classes les moins instruites du peuple, et par conséquent les plus faciles à influencer par des hommes qui cachaient leur ambition sous les mots séduisans de *liberté* et d'*égalité*. Si l'empire n'a vu que des corps législatifs muets ou serviles, c'est que le gouvernement s'était arrogé le monopole des élections, et qu'il choisissait lui-même les *représentans* de la nation.

La France, devenue royaume constitutionnel, a eu sans doute des chambres plus libres que celles de l'empire ; cependant la majorité, dans ces chambres, n'était point indépendante, parce que le système électoral avait été seulement modifié, et qu'on avait conservé les colléges électoraux de Bonaparte, complétés avec des hommes choisis par les préfets.

Ce système vient enfin d'être renversé ; et la loi actuelle des élections, la meilleure que la France ait eue, quoique susceptible encore de quelques perfectionnemens, doit donner à la nation des représentans dignes de sa confiance, à moins qu'on ne prétende que la majorité des électeurs ne soit composée d'hommes lâches, sans patriotisme ou sans lumières, ce qui serait de la dernière fausseté.

Et qu'on ne croie pas qu'on veuille changer cette loi dans ses articles les plus importans : une pareille supposition serait une insulte gratuite au ministère ; ce serait le croire capable de manifester l'injuste soupçon que la majorité de la classe la plus respectable du peuple soit ennemie du gouvernement et de la patrie; ce serait lui supposer une faiblesse que rien ne pourrait excuser.

Nous aurons donc, il faut l'espérer, une chambre des députés indépendante; avec elle, le gouvernement constitutionnel sera consolidé; avec elle, la nation française redeviendra la première de l'univers.

CHAPITRE II.

SUR L'ÉTAT DE LA LIBERTÉ DANS LES DÉPARTEMENS.

Après la docilité des corps législatifs, la cause qui a contribué le plus puissamment aux maux que la France a soufferts depuis vingt-cinq ans, est sans doute l'influence que la capitale a toujours exercée sur les départemens; influence qui a été le résultat inévitable de l'état des lumières, et de l'absence de toute action politique dans ces derniers.

Cette influence, devenue si fatale dans nos révolutions, existait déjà sous l'ancienne monarchie. Le pouvoir qu'exerçaient les grands vassaux dans leurs domaines et dans plusieurs des villes principales de la France, ayant été détruit, ne fut point remplacé, comme ailleurs, par le pouvoir municipal. Les rois seuls agrandirent leur pouvoir de celui que les seigneurs perdirent à cette époque. Ces derniers furent même obligés de venir briguer à la cour des emplois et des faveurs. Paris devint dès-lors le centre d'où émanaient toutes les grâces et toute l'autorité ; c'était là aussi que se trouvaient l'université nationale et les écoles principales ; c'était là aussi que s'étaient portés le commerce le plus important de la France et les plus grands capitaux.

On voit, au premier coup d'œil, l'immense différence qui devait résulter de cet état de choses entre une commotion politique en France et en Allemagne, ou en Angleterre. Le premier de ces deux pays n'a pas de capitale, ni de point central ; il est couvert d'universités, qui ont créé et qui entretiennent l'esprit national, et qui augmentent sans cesse la masse des lumières, source unique de la vraie liberté. Le second possède également un grand nombre d'universités, et des villes commerçantes qui exercent une grande influence. Il jouit d'ailleurs d'un système municipal très-actif, et de plusieurs droits politiques, inconnus sur le continent, tels que le droit qu'ont les habitans d'une ville, et même de toute une province, de s'assembler pour discuter leurs intérêts, et pour adresser des pétitions au souverain et au parlement (1).

---

(1) Ce droit a été sans contredit une des garanties les plus puissantes de la liberté anglaise : aussi les ministres l'ont fait suspendre plusieurs fois depuis que le parlement est à leurs ordres ; et, encore dans ce moment, la nation

Aussi la révolution, causée en Allemagne par la réformation, n'a pas eu besoin d'une capitale pour foyer et pour soutien; aussi la révolution politique qui a commencé en 1813, et qui doit réorganiser la nation germanique, marche sur toute l'étendue de ce vaste pays, et agit sur tous ses points par une action simultanée. Dans la révolution anglaise de 1640, la capitale n'a exercé qu'une influence proportionnée à sa population et à ses richesses. Et maintenant que la nation anglaise tend à reconquérir sa liberté détruite, ce seront les provinces qui agiront sur la capitale, et ce ne sera point la capitale qui entraînera les provinces.

La révolution française, au contraire, a été commencée à Paris; cette ville en a été le foyer, et, pour ainsi dire, le théâtre; c'est elle qui a entraîné la France entière, parce qu'elle était à-la-fois le centre du pouvoir, de l'industrie et des lumières, et parce qu'elle le devint de plus en plus pendant tout le cours de nos orages politiques (1).

en est privée sur les motifs les plus frivoles. Avec une représentation corrompue, toutes les lois sont vaines, puisqu'elles peuvent être remplacées à tout instant par des lois d'exception.

(1) J'ai dû indiquer l'influence que Paris avait sur les départemens comme siége de l'industrie et des lumières,

Ainsi il a suffi qu'une faction s'emparât du pouvoir dans la capitale, pour qu'elle fît aussitôt reconnaître son pouvoir par la France entière, au moyen du télégraphe, de quelques gendarmes établis sur les grandes routes et dans les villes, et de quelques émissaires de la police. L'opposition partielle, qui s'est montrée quelquefois contre les changemens arrivés à Paris, n'a jamais été couronnée de succès, et a été trop faible et trop rare pour faire exception à la règle générale (1). Dans l'Orient, une révolution du sérail compte pour une révolution générale, et le nouveau chef, proclamé par une bande de janissaires, est reconnu par tout l'empire. En France, un homme, ou quelques hommes s'établissent dans le siège

---

parce que cette influence a existé, et a été funeste en ce qu'elle a contribué à faciliter les diverses usurpations du pouvoir dont la France a eu à gémir. Mais cette influence a été souvent salutaire : ce fut le mouvement libéral des électeurs de Paris, en 1789, qui a donné le branle à toute la France ; et quand, en 1817, les électeurs de la capitale ont présenté et soutenu avec ardeur des candidats connus par leur attachement invariable à la liberté, ils ont exercé sur l'opinion publique une influence salutaire, et ont donné un exemple qui n'est point perdu.

(1) Dans les temps les plus déplorables du jacobinisme, Lyon osa résister ouvertement à la terreur qui opprimait la France : on l'appelait *royaliste* alors !

du gouvernement, et aussitôt leur autorité est reconnue par un peuple de trente millions d'individus : Paris était devenu pour la France ce que le sérail est pour la Turquie.

Un despote aussi habile que Bonaparte devait sentir tout ce qu'un pareil état de chose offre de favorable pour l'établissement du pouvoir le plus absolu. Il profita de la lassitude que les révolutions avait laissée dans la nation pour organiser son gouvernement selon le système des gouvernemens orientaux. Ses préfets remplacèrent les pachas ottomans ; toute autorité émanait directement de lui, et elle n'était contrebalancée par aucune institution favorable à la liberté publique, puisque l'ombre de la représentation nationale ne servait qu'à sanctionner toutes ses mesures.

Bonaparte, en s'emparant du pouvoir, se hâta de détruire toutes les institutions créées sous la république, qui, en répandant les lumières, auraient répandu l'amour et la connaissance de la liberté. Les *écoles centrales*, les *écoles de législation*, ne furent point trouvées en harmonie avec le système impérial. L'action des corps municipaux et des corporations politiques, créée par l'assemblée constituante, modifiée pendant la *terreur*, fut entièrement détruite sous un régime où tout était militaire, où tout sentait l'influence du sabre et du fusil. Aussi, le mal qui existait sous l'ancienne monarchie, et que la révolution de 1789 devait détruire, atteignit son plus haut degré sous le gouvernement impérial.

Ce gouvernement est tombé, mais malheureusement un grand nombre de ces institutions existent encore. L'organisation générale de la France est restée la même, et cela ne pouvait d'ailleurs être différemment, puisqu'avec la meilleure volonté possible, le gouvernement n'aurait pu encore en substituer une entièrement neuve à celle qu'il trouva établie avec tant de force.

Il ne s'agit point ici de se faire illusion sur le véritable état des choses. L'immense majorité de la nation française veut la liberté, et le gouvernement constitutionnel; mais le nombre des citoyens qui savent en quoi consiste l'une et l'autre, et qui ont la connaissance de leurs droits politiques, est relativement fort petit, et il faut s'étonner qu'il ne le soit pas davantage. Comment voudrait-on, en effet, que cette connaissance si indispensable fût générale? où les Français auraient-ils pu la puiser? Serait-ce dans les souvenirs de *l'ancien régime*? Mais alors il n'existait aucune liberté de droit; les *lettres-de-cachet*, les priviléges féodaux, la puissance du clergé et de la noblesse n'étaient point faits, sans doute, pour donner au peuple de justes notions sur la liberté individuelle, sur la liberté de la presse, sur l'égalité devant les lois, sur l'inviolabilité des propriétés.

L'assemblée nationale constituante et le règne de la constitution de 1791 suffirent pour donner une nouvelle vie politique à la France. Mais les souvenirs de ces temps furent effacés par le règne de la *terreur*; ranimés pendant les premières années du directoire, ils furent détruits après le 18 fructidor, et les dix années du despotisme militaire firent oublier presque jusqu'au mot de *liberté* et de *droits politiques*.

La révolution salutaire de 1814 donna enfin un nouveau développement aux forces morales de la nation française. Mais la charte constitutionnelle ne fut malheureusement connue que par des lois d'exception, renouvellées encore après la révolution de 1815, qui vit renaître toutes les idées de liberté et de droits politiques. Pendant les trois mois, si mémorables sous plus d'un titre, les corps municipaux reprirent une activité long-tems inconnue. Mais les souvenirs de ces temps furent effacés par l'invasion des étrangers, et par tous les malheurs qui la suivirent. Ainsi, quoique le régime constitutionnel se soit dégagé depuis deux ans de plusieurs entraves, la liberté n'a point encore fait de progrès sensibles dans les départemens, et la constitution, entourée à la vérité des malheureuses lois d'exception, n'existe encore qu'à Paris, et pour Paris.

Pour convenir de cette vérité, on n'a qu'à jeter les yeux sur les journaux des départemens (si on peut ainsi appeler de misérables feuilles d'annonces). Tous portent l'empreinte de l'hôtel d'où ils sortent, qui n'est autre que l'hôtel de la préfecture. L'esclavage dans lequel ils languissent est si sévère, que souvent ils prennent les nouvelles des villes dont ils portent le nom, dans les journaux de Paris; que jamais ils ne peuvent publier des nouvelles de l'étranger, à moins qu'elles ne reviennent approuvées de la capitale. C'est ainsi que le journal de Lille ne donne à ses lecteurs d'autres nouvelles de la Belgique, celui de Strasbourg d'autres nouvelles de l'Allemagne, etc., que celles qui ont déjà été publiées dans les feuilles parisiennes. Les journaux des départemens ne contiennent point non plus de discussions politiques. En un mot, il n'y a en France de journaux que ceux qui paraissent à Paris; il ne s'imprime rien en France qu'à Paris, il n'y a d'imprimerie un peu libre qu'à Paris, il n'y a quelque liberté de la presse qu'à Paris, parce que les préfets sont plus puissans dans les départemens que le ministre de la police générale ne l'est dans la capitale (1).

(1) Un libraire des départemens est forcé de donner au préfet la liste des brochures qu'il reçoit de la capitale; on sent que toutes ne sont pas mises en circulation.

Ce que je viens de dire sur l'esclavage de la presse s'applique encore aux violations de la liberté individuelle, aux jugemens *sévères*, etc., qui sont bien plus nombreux dans les départemens qu'à Paris ; par la raison encore que l'opinion publique, n'ayant aucun moyen de se manifester, y est bien plus faible, et ne peut arrêter les actes arbitraires.

Il est de la plus haute importance que cette organisation *impériale* soit enfin remplacée par une organisation constitutionnelle, et que la France *entière* jouisse enfin de la plénitude des droits et des libertés qui nous sont assurés par la loi fondamentale de l'état.

Si l'ordre actuel des choses pouvait continuer de subsister, la liberté ne serait jamais assurée : elle est basée sur les lumières du peuple bien plus que sur les lois, et le peuple ne peut être éclairé qu'autant qu'on lui permet de discuter ses intérêts et de s'en occuper sans cesse ; et, pour cela, il faut des corporations politiques et un système municipal *actif;* il faut ensuite des universités nombreuses, jouissant d'une certaine indépendance, et enfin un bon système d'éducation générale.

Il n'entre point dans mon plan de développer ici tous les motifs qu'une sage politique, basée sur la raison et sur la justice, pourrait faire valoir pour l'établissement du système municipal, ni de prouver son influence salutaire sur la prospérité et le bonheur des nations, sur la morale et le caractère des peuples, en citant, comme exemples, les pays où il a été établi, tels que les États-Unis d'Amérique et l'ancienne république des sept Provinces-Unies, qui a dû à ce système non-seulement sa puissance et ses richesses, mais jusqu'à son existence. Je crois d'ailleurs qu'aucun homme éclairé ne diffère d'opinion sur ce point (1).

Je me borne donc à présenter une considération qui ne paraîtra pas sans importance aux patriotes français. Si l'état des départemens ne change point, la France se trouvera bientôt dans une infériorité très-grande, vis-à-vis de l'Allemagne, sous le rapport des lumières et de la puissance qui en découle.

Ce pays possède plusieurs universités indépen-

---

(1) La question du pouvoir municipal et des autorités locales a été traitée, avec beaucoup de clarté et de talent, dans le Chap. XII des *principes politiques, applicables à tous les gouvernemens*, de M. *Benjamin Constant.* La question du fédéralisme est de la plus haute importance; et, si notre assemblée législative s'en occupe un jour, M. B. Constant s'acquerra un nouveau titre à la reconnaissance publique en la traitant à fond, comme il a fait plusieurs questions de politique intérieure.

dantes, foyers de lumières, d'instruction et de patriotisme. Il s'y imprime davantage dans un mois qu'en France dans une année. La seule ville de Weymar voit paraître plus d'ouvrages périodiques que la France entière. Trente villes ont des journaux recherchés et lus avec avidité par toutes les classes du peuple; dans les grands ateliers, il y a même des lecteurs qui lisent à haute voix les feuilles patriotiques. Aussi la masse des hommes éclairés est innombrable en Allemagne, et s'augmente avec une telle rapidité qu'il est devenu impossible aux gouvernans de maintenir l'ordre actuel des choses dans ce pays, et qu'on peut prévoir le moment de sa grandeur et de sa liberté, parce que l'opinion publique, n'y étant point resserrée dans une capitale, agit avec toute sa puissance sur l'étendue du sol habité par la nation allemande (1).

Sans doute je n'ai pas la crainte chimérique que l'Allemagne, devenue libre, indépendante et

---

(1) Je rappelle encore à mes lecteurs que je ne comprends jamais l'Autriche dans ce que je dis sur l'*Allemagne*. Cet empire ne possède ni libertés, ni journaux; en revanche, il a une grande armée et des finances délabrées. La Bavière est également inférieure en civilisation au reste de l'Allemagne, parce que le gouvernement y a toujours été et est encore extrêmement absolu.

puissante, puisse menacer un jour l'indépendance de la France : plus une nation fait de progrès en liberté et en civilisation, plus elle aura en horreur les guerres d'envahissement et de conquête ; plus elle apprend à sentir que ces guerres, en déshonorant la nation qui les entreprend, ne font que river ses chaînes, ou lui en forger de nouvelles ; que toujours elles ruinent le vainqueur même, au lieu de lui être avantageuses. Mais la gloire de la France exige qu'elle marche toujours à la tête de la civilisation, et qu'aucun autre pays ne la surpasse en liberté.

Je crois donc que la première chambre des députés qui sera indépendante, s'occupera avec ardeur à donner une nouvelle organisation à la France, en priant S. M. de proposer une loi pour la création de corporations politiques d'un système municipal et départemental et d'instituts libres, qui, en affermissant le trône constitutionnel, donneront une nouvelle vie à l'activité industrielle et politique de la nation.

Ces mesures, pour avoir l'effet désirable, doivent être secondées par un système général d'éducation, qui répande dans toute la France ces premières connaissances, dont l'heureuse influence se fait sentir pendant toute la vie de l'homme. Ce système existe ; et, d'après la nouvelle méthode *d'enseignement mutuel*, il ne se trouvera, dans quelques années, peut-être aucun enfant en France qui ne sache lire et écrire. Cette méthode a été introduite parmi nous dans un temps désastreux ; elle a été accueillie depuis par la protection de plusieurs magistrats, qui ont fait preuve, à cette occasion, de leur patriotisme et de leur amour pour l'humanité. Tout porte à croire que rien ne pourra plus arrêter les progrès de ce nouveau mode d'enseignement, qui préparera la nouvelle génération à profiter de cette instruction politique, sans laquelle un peuple ne peut se vanter de connaître la liberté.

CHAPITRE III.

SUR L'ENTRETIEN DES RÉGIMENS SUISSES EN FRANCE.

Après ce sujet important, ou peut-être même avant, celui qui attirerait d'abord l'attention d'une chambre des députés indépendante, serait, je pense, l'examen de la nécessité de renvoyer les soldats étrangers que la France entretient encore, au nombre de 12,000, en sus des contingens russes, anglais, autrichiens, danois, prussiens, bavarois, etc., que les hautes puissances alliées ont laissés dans ce pays pour assurer son bonheur et veiller à ses intérêts.

Parmi les usages de l'ancienne monarchie, qui ont été rétablis par Bonaparte, se trouvait celui d'entretenir en France des soldats étrangers. Cet usage cadrait merveilleusement dans son système de domination militaire ; et, quoiqu'il pût compter sur le dévoûment de son armée, il sentait néanmoins que ces étrangers valaient mieux, dans les *colonnes mobiles*, que des Français. Cependant, comme ces étrangers ne pouvaient rivaliser, sous aucun rapport, avec la garde impériale, ni même avec aucune troupe française, dont d'ailleurs il ne voulait point exciter la jalousie, il les tenait constamment éloignés de la capitale.

Lors de la première restauration, le gouvernement trouva donc des Suisses en France; ils y restèrent, et furent même appelés à faire partie de la garnison de Paris, et à l'honneur de *veiller aux barrières du Louvre.*

La marche de Fleurus à Paris prouva l'inutilité du corps suisse dans le cas d'un mouvement dans l'intérieur. Bonaparte voulut cependant le conserver à son service. Les Suisses s'y refusèrent avec une honorable fermeté, et préservèrent à l'empereur le désagrément que Guillaume III éprouva de la part de la chambre des communes d'Angleterre.

Après la seconde restauration, le gouvernement avait à choisir entre deux partis. Le premier était de conserver l'armée de la Loire, et d'adopter la cocarde de 1789. Ce parti, quelque avantageux qu'il eût été pour le gouvernement, quelque désirable qu'il pût paraître aux patriotes français, était, il faut le croire, accompagné de trop grandes difficultés pour pouvoir être pris : dès lors il fallut prendre celui de licencier l'armée ; et, dans le besoin où se trouvait le gouvernement de quelques troupes fidèles et disponibles, il était naturel de rappeler les régimens suisses, et de les augmenter même.

Mais, depuis ce moment, le trône constitutionnel s'est raffermi de jour en jour, et par l'ordonnance du 5 septembre, et davantage encore par la loi sur les élections de 1816; l'armée française a été réorganisée; le gouvernement n'est plus menacé d'aucun péril provenant de l'intérieur : il est donc permis de présenter les réflexions suivantes :

1°. L'histoire a prouvé que quelques régimens étrangers ne peuvent sauver un gouvernement menacé par une forte commotion intérieure;

2°. Ce danger n'existe plus pour un gouvernement que de sages mesures rendent de jour en jour plus national;

3°. Ces Suisses, d'après un article des capitulations, ne peuvent servir hors du royaume; et, dans le cas d'une attaque de l'étranger, ils seraient d'un secours trop faible pour pouvoir être pris en considération.

4°. Ils coûtent annuellement à l'état plus de vingt millions (1), somme qu'on pourrait employer plus utilement;

6°. Leur séjour prolongé en France décèlerait

___

(1) Voyez les excellentes *Observations sur les Finances*, de M. Perrier, qui n'ont été réfutées par personne.

une crainte et un soupçon injustes et mal fondés, et ne peut être que désagréable aux guerriers français qui ont montré leur attachement au trône, et qui sont capables sans doute de le défendre si son existence était menacée.

D'où je conclus qu'il est désirable que la chambre des députés supplie S. M. de renvoyer au plutôt les régimens Suisses, ou au moins de donner des ordres pour que les capitulations ne soient point renouvelées, et de faire présenter une loi semblable à celle qui existe en Angleterre, pour que dorénavant aucuns soldats étrangers ne puissent être appelés sur le territoire français sans l'autorisation de la chambre des député; cette loi ajouterait un article indispensable à la charte constitutionnelle.

Une pareille mesure serait la preuve la plus forte de la confiance du gouvernement dans l'attachement de la nation; elle la délivrerait de la présence d'une troupe de mercenaires, étrangers à notre constitution, à nos lois, à nos usages. Le Français, fier de sa liberté et de ses droits, ne gémirait plus à la vue de ces malheureux, condamnés, pour *gagner leur vie*, à vivre loin de leur patrie, de leurs familles, et de faire par nécessité, un métier que l'homme civilisé ne doit embrasser que par les sentimens les plus nobles de patriotisme et d'honneur.

CHAPITRE IV.

SUR LA LIBERTÉ DE LA PRESSE, ET LES DÉLITS Y RELATIFS.

Il y a des vérités devenues triviales à force d'être répétées, et qui ont été fortifiées par des preuves tellement incontestables, qu'elles ont passé en axiomes. La nécessité de la liberté de la presse, pour assurer toutes les autres libertés, et pour éclairer à-la-fois l'opinion publique et les gouvernemens, est sans contredit un des premiers axiomes de la science politique; et tant d'écrivains célèbres des peuples les plus éclairés de l'Europe ont éclairci cette question, qu'il serait inutile de s'y arrêter après eux, si malheureusement nous n'étions pas privés encore de lois qui garantissent d'émettre notre pensée.

De pareilles lois sont cependant d'une haute urgence. Il est temps enfin que la liberté de la presse ne soit plus un principe reconnu, mais qu'on puisse violer tous les jours. Y a-t-il rien de plus incompatible en effet que l'existence de la liberté de la presse, et le jugement des écrivains accusés par le ministère public, par des tribunaux de *police correctionnelle*, composés de *trois* membres nommés par le gouvernement, qui se trouve ainsi juge et partie à-la-fois.

Je ne prétends point ici accuser les juges qui composent ces tribunaux de manquer d'indépendance, ni de prononcer des arrêts dictés d'avance ; mais je crois pouvoir dire, sans blesser aucunement ces magistrats respectables, qu'un tribunal de *police correctionnelle*, institué, comme le prouve son nom, pour juger des vols et des escroqueries et autres délits du même genre, ne peut avoir les connaissances politiques indispensables pour juger dans une matière aussi épineuse que le sont pour la plupart les délits contre la liberté de la presse.

Mais, si l'on veut, je reconnaîtrai encore aux tribunaux, investis jusqu'ici de la connaissance des délits, toutes les lumières possibles ; je passerai même, si l'on veut, sur le nombre des juges ; il n'en sera pas moins vrai qu'ils ne peuvent juger convenablement dans cette matière.

En quoi consiste en effet le crime d'un écrivain ? Est-ce dans ses expressions ? Mais souvent tel homme pourra se servir d'expressions peu ménagées, dures même pour énoncer des vérités, non-seulement utiles à la patrie, mais utiles encore aux gouvernemens qu'il cherche à éclairer, et qu'il tâche ainsi de fortifier et de rendre durable. Tel autre se servira à tout instant des mots de *pouvoir légitime*, invoquera à tort et à travers la personne du monarque, qui doit toujours rester étrangère aux discussions politiques, prodiguera à chaque page ses protestations de dévouement à la cause royale, et n'en cachera pas moins, sous ces phrases qui sonnent si bien aux oreilles de quelques hommes peu éclairés, le désir de voir écrouler notre édifice constitutionnel, à la durée et à l'affermissement duquel sont attachés la durée et l'affermissement du gouvernement. Le premier est-il coupable? le dernier mérite-t-il des éloges? Non, sans doute. Donc un écrivain ne doit jugé que sur ses *intentions*, et point sur ses *expressions*.

Si on veut reconnaître avec moi cette vérité, on reconnaîtra en même temps le vice de la juridiction actuelle sur la liberté de la presse. Car enfin les tribunaux de police correctionnelle, accoutumés à ne juger que sur les *faits*, ne peuvent, par la nature de leurs fonctions habituelles, distinguer les *intentions* des *expressions*, et sont exposés ainsi à punir l'écrivain patriotique, défenseur des lois, de la constitution, et par conséquent du gouvernement, et à laisser échapper le coupable, qui, en attaquant la constitution, a attaqué le gouvernement lui-même.

S'il fallait citer des preuves de cette vérité, j'en trouverais dans le procès de M. Chevallier, auteur d'une lettre à M. le ministre de la police générale, et de MM. Comte et Dunoyer, auteurs du Censeur Européen.

Le premier de ces écrivains avait pensé que la liberté de la presse ne commande point d'encenser le pouvoir, et d'approuver toutes les actions et tous les discours d'un ministre, fut-ce même le ministre de la police générale. Il s'était donc permis de censurer quelques expressions, dont ce ministre s'était servi à la tribune nationale. Son écrit, plein d'une noble franchise, respirait l'amour de la constitution qu'on ne peut plus sans crime séparer du gouvernement. Nulle part l'auteur n'avait oublié cette maxime constitutionnelle, *le Roi ne peut faire mal*; et si quelques expressions un peu dures, si des reproches peu fondés, avaient échappé à sa plume, la critique était là pour l'en punir. Aucune loi ne décrète l'inviolabilité d'un ministre; aussi M. Chevallier ne pouvait être condamné à une peine rigoureuse que par un tribunal de police correctionnelle qui déclarât contre le sens formel d'un article de la charte, qu'attenter au respect dû à un ministre du Roi, c'était attenter au respect dû à la personne du monarque. Certes, un pareil système mènerait fort loin.

Mais ce fut surtout à l'occasion du procès des auteurs du *Censeur Européen*, que le tribunal de police correctionnelle s'est prouvé incompétent pour juger les écrivains prévenus d'avoir abusé de la liberté de la presse. Il était permis, sans doute, à des magistrats occupés sans cesse de l'étude du code pénal, et de l'application de ses nombreux articles, d'ignorer que les hommes qu'ils condamnaient à-la-fois comme bonapartistes et comme républicains, sont célèbres dans toute l'Europe, à cause de la haine inflexible qu'ils ont toujours professée contre le despotisme impérial et contre la personne du despote elle-même, et qu'ils sont ennemis non moins déclarés des révolutions et des systèmes révolutionnaires. Aussi, la cour royale, en diminuant considérablement la peine à laquelle MM. Comte et Dunoyer avaient été condamnés, l'a motivée seulement sur l'insertion du manuscrit de Sainte-Hélène, manuscrit déjà connu de tout le monde, et qu'ils n'avaient inséré en entier qu'afin de le réfuter en entier.

Ce jugement et d'autres encore que je pourrais citer, ont prouvé, je crois, aux yeux de tout homme éclairé, que les délits, en matière de liberté de la presse, ne peuvent être jugés que par un jury, qui juge les *intentions* des écrivains. Ce jury ne pourra être pris indifféremment dans toutes les classes des citoyens, il faut qu'il soit *spécial*, c'est-à-dire, composé d'hommes éclairés et indépendans à-la-fois; car, si les agens de l'autorité y étaient admis, le jury deviendrait une *commission spéciale*, et le gouvernement resterait juge et partie en même temps, ce qui serait une injustice révoltante et absurde.

La plus grande preuve d'indépendance que pourrait donner une chambre des députés, serait d'assurer enfin la liberté de la presse, par une réforme totale de la législation actuelle, et en fixant les cas de la culpabilité des écrivains. Une nouvelle loi est préparée, et doit être présentée dans la session qui va s'ouvrir; espérons que la loi sera bonne, ou que nos députés, indépendans, rempliront leurs devoirs en la rendant telle.

On peut croire que la liberté des journaux, sans laquelle il n'y a point de véritable liberté de la presse, fournira matière à de vives discussions. Les hommes éclairés que l'estime de leurs concitoyens a appelés à l'honneur de représenter la nation, sauront réfuter victorieusement tous les argumens qu'on ne manquera pas de reproduire contre la liberté des écrits périodiques; ils se rappelleront les dernières élections, et partageront la conviction d'un grand nombre de citoyens patriotes, que, si les journaux n'avaient point été dans l'esclavage le plus absolu, nous n'aurions point été témoins du *scandale* qui nous a affligés; qu'on n'aurait point vu les électeur indépendans traités dans les pamflets quotidiens d'ennemis de la patrie et du gouvernement, et les candidats présentés et soutenus par l'opinion publique, traités d'hommes dangereux, par la raison qu'ils n'étaient point *ministériels*; enfin, qu'on ne se serait point permis alors des moyens pour influencer les élections, qu'il serait assez difficile de justifier.

Les députés indépendans sentiront également la nécessité que le peuple français soit instruit de ce qui le regarde immédiatement; ils exprimeront leur étonnement que des traités relatifs à la France, tels que le *concordat*, tels qu'une *convention avec la ville de Hambourg*, de 1816, aient été publiés dans *tous* les journaux de l'Europe, excepté dans ceux de la France. Enfin, une considération puissante se présentera encore à leur esprit : sans la liberté des journaux, le corps qui représente la nation, ne peut être véritablement libre, et ne peut exercer sur la nation l'action constitutionnelle qui lui appartient.

CHAPITRE V.

SUR LA LÉGISLATION EN MATIÈRE CRIMINELLE ET POLITIQUE.

Un grand nombre d'écrivains philanthropes, et, si je ne me trompe point, des députés et des ministres mêmes ont déploré l'excessive sévérité de notre code pénal, faisant partie de l'ancien *code Napoléon*, dans lequel on n'a changé jusqu'ici que le titre, et les mots *impérial*, *impériale*, etc, remplacés par ceux de *royal*, *royale*, etc.

Déjà les peines prononcées par ce code contre les délits civils sont en général d'une rigueur affligeante; mais les délits politiques surtout sont punis par des lois qu'on pourrait appeler *lois de sang*, et qui sentent en tout le despotisme ombrageux sous lequel elles ont été fabriquées.

La loi du 9 novembre sur les *cris séditieux* a ajouté encore à nos lois criminelles quelques articles dignes de figurer dans le code *Napoléon*. Si on voulait se convaincre de la rigueur ou plutôt de la cruauté de ces lois, on n'aurait qu'à se rappeler tous les procès fameux qui ont eu lieu depuis deux ans. Combien trouverait-on d'hommes condamnés et exécutés comme conspirateurs, dont le principal crime consistait dans les propos coupables sans doute, mais souvent plus ridicules que dangereux, et qui ont subi une peine qui n'aurait pu être aggravée, s'ils avaient trempé leurs mains dans le sang du monarque? Certes, il n'est point nécessaire de multiplier les exemples, et de citer tous les jugemens qui ont fait périr sur l'échafaud ou envoyé languir dans les cachots tant de malheureux, pour prouver que la définition du complot, telle qu'elle existe actuellement dans le code pénal, est incompatible avec notre civilisation, et avec la charte constitutionnelle (1). J'avoue d'ailleurs qu'ayant été tenté de faire un tableau de tous les procès marquans depuis deux ans, et des jugemens rendus par des cours d'assises, je l'ai trouvé trop effrayant pour oser l'exposer.

La même raison m'empêche de retracer les travaux des cours prévôtales. On dit d'ailleurs que le ministère se propose de ne point demander leur continuation, il faut l'espérer au moins; mais s'il voulait les conserver, nos députés se rappel-

---

(1) L'art. 89 de notre code pénal porte : « Il y a complot, dès que la résolution d'agir est concertée et arrêtée entre deux conspirateurs ou un plus grand nombre, *quoiqu'il n'y ait point eu d'attentat.* »

leront les condamnations et les exécutions qui ont affligé tout ami de l'humanité, dans ce moment pénible d'une cherté excessive des subsistances. Sans doute, s'il est permis d'excuser les perturbateurs de l'ordre public, c'est quand des malheureux sont excités aux troubles par le fléau le plus terrible, la faim. Il est permis de regretter d'avoir vu couler tant de sang pour cette cause déplorable ; et nos députés, en se rappelant que les formes expéditives des cours prévôtales n'ont pu laisser plus souvent à la clémence royale l'occasion de se déployer, nous délivreront d'une institution créée pendant l'anarchie révolutionnaire, et rétablie momentanément dans une époque malheureuse.

Je ne m'arrêterai point non plus sur les jugemens rendus par les tribunaux militaires qui prouvent toute la rigueur du code militaire. Je rappellerai seulement l'exécution des malheureux Desbans et Chayaux, punis pour des propos coupables, comme s'ils avaient attenté en effet aux jours des Princes qu'ils devaient défendre au péril de leur vie, pour prouver la nécessité d'une réforme dans le code, qui commande de pareils jugemens (1).

---

(1) Des propos coupables, et surtout de la part des

Une autre considération m'empêche de rendre compte des jugemens des tribunaux de police correctionnelle, jugeant des *propos séditieux*. D'autres citoyens ont eu occasion de rassembler quelques matériaux qui prouveront jusqu'à quel point nos révolutions et le système impérial ont fait parvenir le mépris des droits les plus sacrés des hommes, je dirai le mépris des hommes mêmes. La plupart de ces condamnations m'ont paru, je l'avoue, si *singulières*, que je craindrais de ne point être cru en les rapportant.

J'avoue encore que, si d'un côté je suis affligé de tant de condamnations sévères, prononcées par les cours d'assises, les cours prévôtales, les tribunaux militaires, les tribunaux de police correctionnelle, je ne puis, d'un autre côté, concilier cette excessive rigueur avec la douceur employée contre des assassins convaincus de leur crime, et qui sont restés sans punition, ou n'en ont subi qu'une fort légère, et hors de proportion avec les crimes.

En effet, ne voyons-nous pas tous les assassins des protestans dans le Midi, jouir d'une impunité qui insulte aux cendres de leurs victimes. Les assassins du maréchal Brune ont-ils été seulement

---

militaires, doivent être punis sans doute; mais en les punissant de la peine capitale, on ne laisse plus de place au repentir.

mis en jugement ? Ceux du général Ramel ont-
ils subi la peine due à leur affreux attentat ?

Le scélérat, qui, après avoir acquis une horrible célébrité, fruit du massacre d'un grand nombre de protestans, osa attenter aux jours d'un général, connu par son dévoûment à la cause royale, parce qu'il voulait arracher quelques victimes à la fureur des brigands, a-t-il payé de sa tête ce crime qui couronna ceux qu'il se vante d'avoir commis (1)? Pourquoi donc les cours pré-

---

(1) Extrait d'une Lettre de Nimes,
du 8 février 1817.

Le 12 novembre 1815, un attroupement séditieux s'étant formé contre une assemblée religieuse de protestans, dont les temples étaient fermés depuis le mois de juillet précédent, et qui ne furent ouverts, ledit jour 12 novembre, que sur l'invitation pressante d'une haute autorité, le général Lagarde, commandant pour le Roi dans le département du Gard, accourut sur le lieu du tumulte avec la force armée pour dissiper l'attroupement, lorsque le nommé Boissin l'ajusta, à bout portant, avec un pistolet chargé à balles, qui entrèrent dans la poitrine du général. Sa blessure fut horrible, et le tint, pendant plusieurs jours, entre la vie et la mort. Tout le monde reconnut l'assassin ; mais personne n'osa ou ne voulut l'arrêter : il sortit de la ville avec de bons papiers et de l'argent. Le Roi fit éclater son indignation dans une ordonnance du 21

vôtales et les cours d'assises n'ont-elles point sévi contre ces infâmes assassins, dont le plus grand crime, envers le trône et l'état, est de se couvrir du manteau de la religion et du royalisme ? Je

---

novembre. La ville de Nimes fut frappée d'une exécution militaire, qui coûta de 80 à 100 mille francs aux habitans. M. le préfet *d'Arbeau de Jonques* publia qu'il donnerait 3,000 francs à celui qui prendrait l'assassin. Après s'être promené pendant plusieurs mois dans le département, il s'est laissé prendre après le jugement qui l'a acquitté.

Les personnes qui se rappellent comment les questions ont été posées dans les procès fameux dont nous avons été témoins, seront curieuses peut-être de connaître la manière dont on les pose dans le Midi. Les voici :

1°. Louis Boissin est-il coupable d'avoir résisté avec violence, voies de fait, et avec armes, envers la force publique agissant pour l'exécution des lois et ordres de l'autorité publique ? — R. Non.

2°. Boissin a-t-il fait partie d'une réunion de rebelles de plus de vingt personnes armées ? — R. Non.

3°. Etait-il porteur lui-même d'une arme cachée ? — R. Oui.

4°. Boisson est-il coupable d'avoir blessé violemment un agent de la force publique, pendant qu'il exerçait son ministère et à cette occasion, d'un coup de pistolet qui a produit effusion de sang, blessure et maladie, et dont il en est résulté une maladie et incapacité de travail personnel pendant plus de vingt jours ? — R. Non, il n'est point coupable d'avoir blessé un agent de la force publi-

demande si ce sous-officier qui ordonne à un paysan de crier : *Vive le Roi !* et qui, sur son refus, lui tire deux coups de fusil, dont un atteint le malheureux, et lui porte une blessure qui le

---

que, pendant qu'il exerçait son ministère, ni à cette occasion.

5.° Ces blessures sont-elles de celles qui portent le caractère du meurtre? — R. Non ; résolue par la précédente question.

6.° Ces blessures sont-elles faites avec préméditation. — R. Non.

7°. En cela Louis Boissin, accusé, a-t-il commis envers un agent de la force publique, pendant qu'il exerçait son ministère et à cette occasion, une tentative de meurtre, laquelle tentative a été manifestée par des actes extérieurs, suivis d'un commencement d'exécution, et n'a été suspendue, et n'a manqué son effet que par des circonstances fortuites et indépendantes de la volonté de Boissin ? — R. Non ; résolue par la quatrième question.

8°. Cette tentative de meurtre a-t-elle été commise avec préméditation ? — R. Non.

9°. Cette tentative de meurtre a-t-elle été accompagnée du délit de la rébellion armée envers la force publique agissant pour l'exécution des lois et des ordres de l'autorité publique ? — R. Non ; résolue par la première question.

10°. Est-il constant que Louis Boissin a agi, provoqué par des coups ou violence graves, exercées contre sa personne, sans motif légitime, par l'agent de la force pu-

fait expirer après vingt-deux mois des plus cruelles souffrances, n'était point un ennemi du trône et de l'état? Cependant il n'a été condamné qu'à deux mois d'emprisonnement et *cent francs d'amende*, quoique le procureur du roi eût conclu à la peine capitale (1). Pourquoi donc le tribunal

---

blique, dans l'exercice ou à l'occasion de l'exercice de ses fonctions? — R. Oui.

Nîmes, le 8 février 1817.

Le président du jury, GRAVEROL.

PLAUCHAT LA CASSAGNE, président.

GIBERT, greffier.

Il semble qu'il y a une contradiction manifeste dans les réponses sur les quatrième et dixième questions. Au total, la déclaration du jury semble faite pour encourager les assassins. Voici les noms des jurés :

De Graverol, *président.* Cazalis de la Barèse.
De Sarrazin.   De Navacellers.
De Despouchés.   Bruguière.
De Ginhoux de la Li-   Desmarêts.
    guière.   Toulouse.
Hossalier de Servas.   Gande, fils.

(1) Tous les journaux ont rendu compte de cet arrêt, qu'on n'accusera pas d'avoir été sévère.

militaire n'a-t-il point déployé toute la sévérité des lois contre un chef de bataillon qui, sans aucun motif, passe son épée à travers le corps d'un fusilier, et ose attribuer l'horreur que ce forfait inspire aux soldats, témoins de sa conduite, à des sentimens de révolte. Cependant un des juges, qui, dans un procès d'un genre différent, avait montré son attachement à la cause royale, avait opiné pour la condamnation. Enfin, que faut-il conclure de tant de jugemens divers, qui semblent annoncer que tous les Français ne sont point sous la juridiction des mêmes lois et du même code? Je me borne à espérer qu'une chambre de députés indépendante s'occupera de la répression d'un mal aussi réel, et qu'elle en préviendra le retour.

Le premier moyen, pour atteindre ce but important, sera l'abolition des tribunaux extraordinaires et les lois d'exception; le second, une nouvelle organisation du jury. Nos députés se rappelleront que Bonaparte, n'osant pas détruire entièrement cette institution protectrice de la liberté, sut la mettre en harmonie avec son système général, en donnant aux préfets la nomination des jurés; ils rendront au jury toute son indépendance, afin qu'il assure la punition aux coupables, et aux innocens la justice.

Je pense aussi que la chambre des députés, qui

voudra réformer les abus de notre jurisprudence, sera portée en même temps à considérer toute l'injustice de ces arrestations précaires, qui jusqu'ici ont fait languir des prévenus dans les prisons, *dix-huit mois*, avant d'être jugés et déclarés innocens (1); qu'elle abolira aussi cette *mise au secret*, qu'on a appelée avec raison une *torture morale*, mais qui est en même temps une *torture physique*, puisque nous avons appris dernièrement que des hommes, accusés d'un crime qu'on a trouvé depuis imaginaire, ont été réduits, pendant *cent et un jours*, au pain et à l'eau pour toute nourriture, et que même ils n'ont point obtenu cette nourriture en quantité suffisante (2); un autre est resté *quarante-huit heures* sans

---

(1) Lors du procès de *l'Epingle noire*, l'auditoire a appris que M. Crouset, un des accusés, était arrêté pour ce *complot* depuis plus de dix-huit mois.

(2) L'avocat de M. Bonnet, accusé dans la même affaire, a déclaré à l'audience que son client était resté *cent et un jours* au secret le plus rigoureux, réduit, pour toute nourriture, au pain et à l'eau. Le concierge de la Force avait reçu défense de lui faire passer l'argent qu'on lui enverrait. MM. Wilson, Bruce et Hucthinson, détenus à cette époque à la Force, surent tromper la vigilance des gardiens, en fournissant quelquefois des mets plus nourrissans au prisonnier.

nourriture quelconque, et, quoique malade, n'a pu obtenir, pendant onze jours, la permission de changer de linge...... Je craindrais d'être accusé d'exagération en insistant davantage sur ce sujet : c'est aux membres indépendans des deux chambres qu'il appartient d'éclairer leurs collègues et la nation sur les abus, restes du système impérial. Espérons que, grâce à leur patriotisme, nous aurons bientôt notre *habeas corpus*, et que les accusés de crimes non prouvés resteront en liberté jusqu'à leur jugement, en fournissant des cautions suffisantes.

CHAPITRE VI.

DES IMPÔTS, DES RÈGLEMENS DE COMMERCE, ET DES FINANCES EN GÉNÉRAL, DANS LEURS RAPPORTS AVEC LA LIBERTÉ.

Si l'on imposait à un homme l'obligation de dénoncer les abus de toute espèce qui se commettent en contravention directe, soit avec la charte, soit avec les lois de l'état, cette obligation serait au dessus de ses forces : c'est aux députés indépendans qu'est réservée la noble tâche de faire disparaître toutes les entraves qui entourent encore la liberté du peuple, et d'apporter, de toutes les parties de la France, des renseignemens sur la manière dont l'autorité use de ses pouvoirs.

Avec une majorité indépendante dans la représentation nationale, tous les abus disparaîtront, les lois seront observées, et nous ne verrons plus ni arrestations arbitraires, ni saisies illégales, ni violations du secret des correspondances; les restes du système *impérial* s'écrouleront dès que le système *constitutionnel* sera mis en vigueur.

Nos députés indépendans s'empresseront également d'alléger les charges qui pèsent sur la nation. Plusieurs motifs puissans les engageront à être économes de l'argent de leurs commettans; ils considéreront que des impôts et des taxes de toutes dénominations, en enlevant tous les fruits de l'industrie, sont incompatibles avec la prospérité individuelle et générale. Un autre motif, qui n'a point encore été pris suffisamment en considération, les engagera encore à ne voter un *budjet* qu'après avoir examiné scrupuleusement quelles sont les économies qu'on peut introduire dans les différentes branches de l'administration. Ce motif est qu'un peuple qui paie des impôts aussi élevés que ceux qui pèsent actuellement sur la France, comme sur l'Angleterre, l'Allemagne et les Pays-Bas, ne peut se vanter de posséder la liberté, supposé même qu'il soit en jouissance de la liberté de la presse, de l'*habeas corpus*, et d'autres droits constitutionnels réclamés par l'état de la civilisation.

Ces droits sont du plus haut prix sans doute; aucun effort ne doit paraître trop pénible pour les acquérir ou pour les conserver. Les principes, surtout, sur lesquels ils sont fondés, ne permettent aucune concession; mais le système financier, établi en ce moment chez les peuples les plus civilisés de l'Europe, occasionne à tout instant des violations continuelles de droits non moins précieux.

En effet, quel est le premier but de toute société humaine? n'est-ce pas d'assurer le *bien-être*, le *bonheur* de ses membres? Or, je le demande, quel est le peuple qui puisse se vanter actuellement d'être heureux? Est-ce le peuple anglais? Mais cent mille familles anglaises qui ont fui sur le continent les taxes qui accablent leur patrie, cent mille autres qui sont allées chercher une patrie dans le nouveau Monde, n'accusent-elles pas l'ordre de choses établi dans la Grande-Bretagne? ne prouvent-elle pas qu'un pays accablé par des impôts n'est jamais libre, quels que puissent être d'ailleurs les droits politiques dont il jouit? Serait-ce le peuple allemand en proie à des armées immenses qui dévorent les fruits du travail et de l'industrie, et forcent le malheureux paysan à chercher, au-delà des mers, une patrie où le gouvernement, pour se maintenir, n'ait point besoin de six cent mille soldats? Serait-ce l'Italie ravagée par des épidémies, résultat de la misère du peuple? Serait-ce la France enfin? Je laisse la réponse aux hommes qui ont parcouru ce pays qui renferme des sources si immenses de prospérités, employées jusqu'ici à fournir des armes à ses ennemis : je doute fort qu'elle soit affirmative.

Ainsi, partout où nous tournons nos regards, nous voyons le but principal de la société manqué ; les lumières et la civilisation, qui devraient nous donner le bonheur, ne servent qu'à mieux en faire sentir le besoin, et à faire regretter plus péniblement son absence.

La nation française verra bientôt, dans sa représentation, une majorité indépendante. Les patriotes éclairés qui doivent la composer, en cherchant à nous donner la liberté civile et politique, considéreront : 1° qu'un homme ne peut être ni libre, ni heureux, quand il est privé de toutes les jouissances de la vie, devenues pour lui des nécessités, et auxquelles il peut prétendre par son industrie ou par ses propriétés ; 2.° qu'un homme, forcé de donner en impôts ou en *emprunts forcés* le tiers de ses revenus, et qui, par ces impôts exorbitans, n'a plus les moyens d'élever ses enfans, ou de leur donner une éducation conforme à ses souhaits, n'est ni libre ni heureux ; 3.° que celui qui voudrait entreprendre une branche de commerce ou d'industrie, et qui est forcé d'y renoncer par une patente énorme, n'est ni libre, ni heureux ; 4.° qu'un pays dans lequel le gouvernement exerce le monopole des grains, du tabac et des denrées premières, et dans lequel les propriétaires sont forcés de cultiver le tabac s'ils veulent cultiver du riz, et du riz, s'ils veulent cultiver le blé, n'est point libre; 5.° enfin, qu'un pays qui voit annuellement d'énormes capitaux, formant le tiers des revenus de ses habitans, dévorés par des dépenses en grande partie infructueuses, n'est ni libre ni heureux.

Nos députés indépendans, cherchant à remplir leur noble mission, et à seconder les efforts du gouvernement pour le bonheur du peuple, introduiront sans doute la plus grande économie dans les dépenses publiques ; et certes les objets sur lesquels elle pourra être exercée sont assez nombreux.

La première dépense et la plus grande qui se présente à l'examen de nos représentans, est celle occasionnée par le séjour des bandes étrangères en France, et par les contributions de guerre que le gouvernement s'est engagé à payer, dans un moment désastreux, où il était forcé de reconnaître le droit du plus fort, où il n'avait pas même la possibilité de négocier. Je laisse à la chambre des députés et au gouvernement à considérer s'il faut continuer de se soumettre à cette dépense, ou s'il faut prendre avec les souverains alliés un autre langage plus conforme au vœu national, et qui serait soutenu par tous ceux qui se glorifient de porter le nom de Français. Dans tous les cas, nos députés demanderont pourquoi la somme portée au budget, pour cet objet, n'a point subi une diminution proportionnée à la diminution dans le nombre de nos garnisaires. Je ne puis adopter l'idée que c'est au gouvernement seul à défendre les intérêts nationaux, vis-à-vis des puissances alliées contre la France ; je crois au contraire qu'un langage énergique de la part de nos représentans pourrait inspirer aux ennemis cette crainte et ce respect nécessaires pour mettre un peu d'équilibre dans les négociations.

Après cette dépense, celle qui attire immédiatement les regards, c'est le budget du ministère de la guerre. Nos députés indépendans, persuadés sans doute de la nécessité de créer des moyens de défense, ne voteront point sans doute deux cents millions pour cet objet, sans avoir examiné quels sont les moyens de le remplir. Peut-être, leur paraîtra-t-il convenable d'exprimer leur étonnement et leur douleur, sur la manière dont des sommes immenses ont été dépensées depuis deux ans, pour organiser notre force militaire.

C'est ici le cas de dire que tout ce qui regarde les finances d'un état, touche en même temps les principes les plus importans de la politique intérieure.

Ainsi, une armée organisée uniquement pour la défense de la patrie, c'est-à-dire, composée de milices nationales, telles que la France en a eu dans les belles années de la révolution, telles que l'Allemagne en a eu en 1813, coûtent infiniment moins à l'état que ces armées qui semblent n'être qu'un objet de luxe, qu'une institution créée pour donner des places de colonel, de maréchaux-de-camp et autres à des gens fort honnêtes peut-être, mais qui souvent ont peu de titres pour vivre aux dépens du peuple.

Ainsi, si l'on voit dans l'organisation actuelle de notre armée, où se trouvent tant d'officiers et si peu de soldats, des corps entiers uniquement destinés à suivre la voiture du souverain et des princes de sa maison, et qui, cependant, coûtent davantage à la nation que ne feraient plusieurs régimens prêts à tout moment à entrer en campagne, nos députés se hâteront d'en demander la suppression.

Ainsi, supposé même que les régimens suisses ne pussent donner aucun ombrage au patriote éclairé, nos députés indépendans n'en feront pas moins tous les efforts possibles pour obtenir qu'ils soient renvoyés, ne fut-ce que par motif d'économie. Ce corps étranger, composé de douze mille hommes, ne serait certes pas d'un grand secours contre une invasion de l'ennemi, et il coûte le double d'un corps français de la même force qui le surpasserait en bravoure et en dévouement. Il occasionne d'ailleurs un double emploi, et son renvoi mettra le gouvernement à même de rappeler sous les drapaux des guerriers nationaux, réduits à vivre de leur demi solde (1).

De même, si l'organisation ultérieure de la France n'était point contraire à l'esprit d'un gouvernement constitutionnel, nos députés indépendans voudront substituer à ces préfets si chèrement payés des autorités locales bien moins coûteuses et plus utiles.

L'abolition de la censure fournira encore à la représentation indépendante l'occasion de faire une économie dans les dépenses publiques.

La restriction indispensable du domaine de la *police* produira une économie importante. Il est temps de mettre à la retraite cette légion innombrable d'espions, d'inspecteurs et de gendarmes, dont l'existence est incompatible avec la liberté de la nation, et ferait penser à un étranger que la France n'est peuplée que de malfaiteurs et de conspirateurs.

Une nouvelle organisation de la justice paraîtra aussi nécessaire, sous le rapport de la liberté que de l'économie. Nos députés indépendans penseront peut-être que, si treize juges suffisent à la Grande-Bretagne, la France en a trop de sept mille.

---

(1) La demi-solde d'un colonel français équivant à peu-près la solde d'un lieutenant suisse au service français.

Nos députés, en donnant la liberté au commerce intérieur, en brisant les entraves qui enchaînent l'agriculture et l'industrie, donneront un nouveau développement à la prospérité nationale, assureront la liberté, et feront une économie importante par la suppression d'un grand nombre de places inutiles. Le monopole des grains, du tabac, etc., est une des inventions *impériales* qui ne doivent point être maintenues sous le gouvernement constitutionnel.

Une autre économie également importante, sous le double rapport des principes et de la nécessité d'alléger les charges qui pèsent sur le peuple, est celle qui pourrait être exercée sur la *liste civile* du souverain et des princes de sa famille. La France est le seul pays qui accorde la somme énorme de trente millions au luxe de la cour, et qui fournisse aussi libéralement au gouvernement des moyens de corruption, dont sans doute il n'use pas sous un prince éclairé qui dédaigne de pareils moyens, mais qui pourraient un jour être employés. Un des principes fondamentaux du gouvernement représentatif, est de mettre la liberté et le pouvoir même à l'abri des changemens qui pourraient provenir de l'ambition ou du caractère des individus en général, et surtout de celui entre les mains duquel se trouve le pouvoir exécutif. Or, personne ne sera tenté de nier qu'un Roi, ayant à sa disposition toutes les places lucratives et honorifiques, et, en outre, une somme de trente millions par an, dont il n'est point tenu de rendre compte, a des moyens trop puissans de séduction et de corruption, pour ne point menacer la liberté et la constitution, si son caractère le portait à vouloir se rendre *autocrate*. Il est donc du devoir de nos députés indépendans de préserver nos neveux de nouvelles révolutions.

Il est indispensable de rappeler ici l'origine de cette *liste civile* si exorbitante, et de prouver par cela même qu'elle doit subir une réforme.

L'assemblée nationale constituante avait terminé la constitution de 1791, elle avait dépouillé le trône de tout le prestige qui l'environnait; les distinctions féodales, les priviléges, tout était détruit. Elle avait décidé dans le principe que le chef du pouvoir exécutif jouirait, comme en Angleterre, d'une *liste civile*; quand il fut question de la fixer, l'assemblée fit un retour sur sa conduite passée, inconsidéré sans doute, mais excusable par le motif qui l'avait dicté. Voulant dédommager le Roi des sacrifices auxquels il se voyait forcé de souscrire, elle se laissa entraîner par un sentiment de générosité, et assigna une somme de trente millions pour la dépense de la maison royale. La Reine eut un revenu séparé, ainsi que tous les membres de la famille ; en outre, toutes les dépenses du gouvernement civil étaient défrayées par le trésor public, et le Roi ne devait aucun compte de la somme énorme qui lui fut accordée.

Le premier motif de cette générosité de l'assemblée nationale fut un sentiment très-louable : le second motif fut une erreur d'un grand nombre des membres de l'assemblée. Ils crurent n'accorder qu'une liste civile un peu plus considérable que celle dont les rois anglais jouissaient depuis long-temps. Le fait est qu'il n'existent aucune comparaison entre la somme votée par nos premiers législateurs, et celle qu'ils prenaient pour base de leur calcul.

En Angleterre, la *liste civile* est de *vingt-quatre millions* tournois (un million de liv. sterl.) Sur cette somme sont payés les ministres, les juges, les ambassadeurs, les pensions, enfin toutes les dépenses de l'établissement civil. Le Roi est tenu en outre de soumettre à la chambre des communes les comptes des dépenses faites sur le reste de la liste civile ; et, d'après une motion faite par le royaliste Burke, les créances des fournisseurs des maisons royales, qui n'auraient point été soumises à la chambre, dans un délai de trois mois après les fournitures par eux faites ; sont déclarées nulles. En un mot, il ne reste au souverain qu'environ *cent mille francs* par mois, qui composent le *private burse* (la bourse privée), dont il n'est plus tenu de rendre compte.

Bonaparte, étant premier consul, et sur le point d'être investi de la royauté, proclama l'intention d'adopter les principales dispositions de la constitution de 1791, mais, par malheur pour lui autant que pour la France, il ne remit en vigueur que l'article qui regardait la *liste civile*. Il s'en fit donner une par son sénat, dont le montant et les accessoires rappelaient celle qui fut accordée à Louis XVI.

Lors de la première restauration, la liste civile fut maintenue à-peu-près sur le même pied sur lequel elle se trouvait sous l'empire. Nos députés d'alors n'avaient rien à refuser au gouvernement, dont les agens pouvaient profiter de la faveur du moment, et de la joie que causait le renversement du despotisme militaire.

Toutes ces circonstances n'existent plus. L'erreur et la générosité de notre première assemblée législative furent excusables. Mais actuellement que cette erreur est détruite, que le trône est entouré d'une force plus que suffisante pour assurer son maintien, nos députés indépendans seraient inexcusables, s'ils n'étendaient pas leurs économies à la liste civile, et s'ils ne la bornait point à la somme nécessaire pour entretenir la splendeur du trône, mais point assez élevée pour qu'elle puisse devenir un jour dangereuse. Ils peuvent d'ailleurs sanctionner le principe de la nécessité d'une réduction, tout en respectant l'article 23 de la charte constitutionnelle (1).

En introduisant un système d'économie dans toutes les branches de l'administration, nos députés se seront acquis un titre aussi grand à la reconnaissance publique, qu'en détruisant les lois de circonstance, et en assurant les droits constitutionnels des Français.

---

(1) « La liste civile est fixée, pour toute la durée du règne, par la première législature assemblée depuis l'avènement du Roi. » *Art. 23 de la Charte.*

CHAPITRE VII.

DE L'ÉTAT DE LA LIBERTÉ EN FRANCE, COMPARÉ A L'ÉTAT DE LA LIBERTÉ CHEZ LES AUTRES NATIONS EUROPÉENNES.

Dans les premières pages de cet écrit, j'ai rappelé les conséquences funestes de la dépendance de nos corps législatifs, et j'ai énoncé la confiance que bientôt nous aurions une représentation véritablement nationale, composée d'hommes *indépendans*, c'est-à-dire, d'hommes à l'abri de la corruption et de la faiblesse, et qui n'ont en vue d'autres intérêts que ceux de la patrie.

Si cette confiance est fondée, si l'espoir que les patriotes français placent dans les lumières et dans le caractère des électeurs n'est point trompeur, la France verra son gouvernement constitutionnel consolidé; elle peut se promettre de jouir enfin du bonheur, c'est-à-dire, de la liberté et de la tranquillité. Nos révolutions seront terminées, leur but sera atteint; l'indépendance de la patrie sera assurée; si même la coalition qui l'opprime dans ce moment pouvait être éternelle, elle n'en sera pas moins forcée de respecter un peuple dont la valeur et les immenses ressources ont vaincu plus d'une fois tous les potentats de l'Europe réunis, et qui n'ont pu parvenir à le vaincre que par un concours inouï de circonstances qui paralysaient cette valeur et ces ressources, circonstances dont le retour est désormais impossible.

Un avenir consolant s'ouvre donc pour nous; et le présent même, quelque affligeant qu'il puisse paraître sous divers rapports, nous offre encore des consolations, si nous comparons l'état où nous nous trouvons avec celui où se trouvent les autres nations européennes.

Qels sont en effet les maux dont nous nous plaignons? C'est de voir la liberté voilée encore par des lois d'exception; c'est de voir le peuple accablé sous le fardeau d'impôts énormes; c'est de voir quelques points de notre territoire occupés par des soldats étrangers.

Ces maux sont réels; mais nous avons le remède sous les yeux, et les efforts qu'il nous faut faire pour l'appliquer, sont bien plus faciles et plus légers que ceux que les autres nations doivent faire pour l'obtenir. Ces efforts se bornent chez nous à triompher, par le patriotisme des électeurs, des menées et des faibles moyens par lesquels on pourrait vouloir nous empêcher d'avoir une représentation indépendante.

Je le répète, dès que la chambre des députés pourra se montrer digne de la confiance nationale, les entraves qui entourent la liberté disparaîtront; les impôts excessifs seront diminués; et par des économies indispensables, et par l'affranchissement des contributions qu'on paye encore aux alliés ennemis. Si les traités qui nous lient reçoivent même leur entière exécution, la France ne verra plus, dans deux ans, les drapeaux qu'elle a humiliés si souvent, flotter sur ses forteresses. Malheur aux ennemis s'ils tentaient de violer eux-mêmes ces traités! Le gouvernement, secondé par la nation et par ses représentans, trouvera des moyens pour faire respecter les droits de la France.

Mais si, chez nous, la liberté n'est pas encore entière, si des impôts énormes pèsent sur nous, examinons l'état où se trouvent, sous ce rapport, les autres peuples de l'Europe : nous verrons, au premier aspect, combien il est plus fâcheux que le nôtre.

L'Angleterre, quoiqu'ayant des habitudes que la France ne peut encore avoir, voit, d'un autre côté, cet avantage détruit par la corruption de son système représentatif. La chambre des communes, quelque nombreuse qu'elle puisse être, ne compte guère que trois ou quatre membres indépendans (1); l'immense majorité est composée de ministériels, c'est-à-dire, d'hommes qui ont vendu leur conscience et les intérêts de leur patrie pour des places ou des faveurs du gouvernement. L'opposition même n'est point nationale; elle est formée, à l'exception des trois ou quatre membres indépendans, de représentans qui ne critiquent les actes des hommes en place que pour les remplacer dans l'exercice du pouvoir. Tandis qu'en France les élections doivent fournir successivement des députés revêtus de la confiance nationale, il faut, en Angleterre, une révolution pour obtenir une nouvelle loi sur les élections. Si même ce pays jouit, d'un côté, d'un meilleur système municipal que le nôtre, il renferme, d'un autre côté, une aristocratie puissante, qu'on chercherait vainement en France, et les idées aristocratiques de tout genre y ont encore tant de force, que de long-temps on ne pourra même les attaquer. Le système colonial et la politique extérieure du cabinet anglais sont de puissans obstacles à la liberté, qui chez nous n'existent pas. Une grande portion de la population y est privée des droits politiques, parce qu'elle est catholique. Les impôts, les taxes, les règlemens commer-

---

(1) MM. Bennet, Cochrane et sir F. Burdett.

ciaux y entravent la liberté bien plus que chez nous; car certes on ne dira pas qu'un homme qui est forcé de s'expatrier pour pouvoir subsister, soit libre ou heureux. La nation anglaise, en un mot, ne recouvrira sa liberté et une véritable prospérité que par des efforts plus violens qu'il n'en coûtera à la France pour atteindre le même but.

Quant aux Pays-Bas, quoique certains droits constitutionnels, tels que la liberté de la presse, y soient en vigueur plus que chez nous, ils se trouvent bien plus éloignés de la liberté par leur système représentatif, assez conforme à celui qui existait en France sous l'empire, puisque les députés aux *hauts et puissans seigneurs* y sont à la nomination du pouvoir exécutif. Dans ce royaume les impôts sont énormes; une noblesse ridicule et oubliée menace même d'envahir la Hollande, cet antique asile de la liberté (1).

L'Allemagne ne possède encore ni constitution, ni unité: ce pays est mûr pour la liberté; mais il lui faut de grands efforts pour l'obtenir;

---

(1) Quel homme sensé a pu lire sans étonnement la ridicule assertion de l'auteur de la *Statistique constitutionnelle*, publiée dans un de nos journaux les plus estimés, que la Hollande a gagné en liberté en cessant d'être république!...

efforts qui ne peuvent entrer en comparaison avec ceux qui sont nécessaires en France pour perfectionner ses institutions sociales.

L'Italie, ce berceau de la république la plus puissante, et qui, dans le moyen âge, était couverte de républiques célèbres, auxquelles l'Europe a dû en partie sa civilisation, paraît accablée sous le joug étranger : elle n'a plus de liberté ; l'aurore d'une régénération politique n'a pas encore paru sur l'horizon de ce malheureux pays.

L'Espagne avait conçu à peine l'espoir d'être libre : elle est retombée sous l'ancien joug.

Ce n'est point de l'Autriche que je parlerai en traitant de la liberté.

Enfin, dans toute l'Europe, nous voyons autour de nous les peuples dans la nécessité de réformer des institutions vicieuses, ou de changer entièrement leur organisation intérieure, pour parvenir à la liberté, dont ils invoquent sans cesse le nom, mais qu'ils sont loin de posséder. La France, au contraire, n'a besoin que de choisir des députés indépendans pour se voir assurer la possession de ce bien précieux. Partout nous voyons les nations accablées sous des armées énormes, fortifiées, doublées encore dans le sein de la paix, et sous des impôts qui ne sont point motivées comme en France, par la nécessité de payer des contributions de guerre, et qui, par conséquent, loin d'approcher d'une réduction considérable, doivent augmenter encore quand leurs gouvernemens se verront privés de ce genre de revenus auquel ils étaient peu accoutumés, et dont ils ne jouiront plus long-temps. Autour de nous, nous voyons encore des aristocraties ennemies de la liberté, tandis qu'en France on ose à peine accompagner un nom estimable du titre dont nos pères se servaient pour témoigner leur infériorité et leur respect. Dans aucun pays, les idées religieuses exercent moins d'influence politique qu'en France.

Loin de moi l'intention de présenter l'état malheureux des autres peuples comme un sujet de réjouissance pour la France! Je l'ai dit plus d'une fois, et je le répète : la liberté et la prospérité d'une nation sont toujours favorables à la liberté et à la prospérité des autres. Mais, si j'ai présenté ce tableau aux patriotes français, c'est comme objet de consolation dans nos malheurs présens ; c'est pour prouver que la nation à laquelle je me vante d'appartenir, reste toujours la première de l'Europe ; qu'elle est plus véritablement *grande* que jamais, et qu'il ne dépend que de l'énergie et de la constance de ses citoyens pour la rendre *libre*, *puissante et heureuse*.

FIN.

TABLE DES MATIÈRES.

		pag
Préface.		v
Chap. 1.er	Sur la représentation nationale.	1
II.	Sur l'État de la Liberté dans les Départemens.	17
III.	Sur l'Entretien des Régimens suisses en France.	30
IV.	Sur la Liberté de la Presse, et les Jugemens y relatifs.	34
V.	Sur la Législation en matière criminelle et politique.	41
VI.	Des Impôts, des Règlemens commerciaux et des Finances en général, dans leurs rapports avec la Liberté.	52
VII.	De l'État de la Liberté en France comparé à l'état de la Liberté chez les autres Nations européennes.	63

FIN DE LA TABLE DES MATIÈRES.

www.ingramcontent.com/pod-product-compliance
Lightning Source LLC
LaVergne TN
LVHW020948090426
835512LV00009B/1766